ISBN 978-3-941747-06-7

Fotografien, Satz, Gestaltung, Umschlag-
gestaltung und Text f. leere Fenster:
Meike Hahnraths

Weiherstraße 47
41061 Mönchengladbach

verlag@hahnraths.de

Kreative und Künstler gehen in Corona-Zeiten ausgefallene Wege, um sich auszudrücken. Sie übernehmen so eine ganz wichtige Funktion für andere: Sie zerstreuen, geben Impulse, unterhalten, bereiten Vergnügen und Genuss.

Meike Hahnraths

Das gefällt mir. Da mach ich mit! Und so ging's: Gemeinsam mit 57 Erwachsenen, 10 Kindern, 3 Babies, 6 Hunden, 3 Pferden und 2 Kaninchen, die sich in Fenster gesetzt, gehockt, gestellt, gehängt, aus ihnen zugeprostet, gewunken, gelacht, gerufen, gebellt und gewiehert haben, möchte ich mit den Corona-Fenster-Fotos ein mutmachendes Zeichen setzen, weil nicht alle leicht durch diese surreale Zeit kommen.

Die **Einsicht**, was
im Leben wirklich
wichtig ist, **ist größer**
geworden ... der
Bauch allerdings
auch.

Nicole

Eine **wertvolle Zeit:**
Ich konnte
Freundschaften
auf besondere Weise
vertiefen und
persönliche **Wege**
neu **definieren.**

Barbara

Mir werden
sie wahrscheinlich
zuallererst **kündigen**.

Wird es unser
Lieblingsrestaurant und
unsere **Stammkneipe**
danach **noch geben?**

Ganz **viel**
Freizeit
mit meiner
Familie - vor
allem in unserem
Garten.

Steffi

Nagelstudio

Zeit haben, um
kreativ zu sein -
ob in der **Nähstube**
oder im **Garten**.
Wunderbar!

Ulli

Wir haben viele
tolle Orte beim
Spazierengehen
entdeckt!

Kerstin

NUR DER VFL
You'll Never
Walk Alone

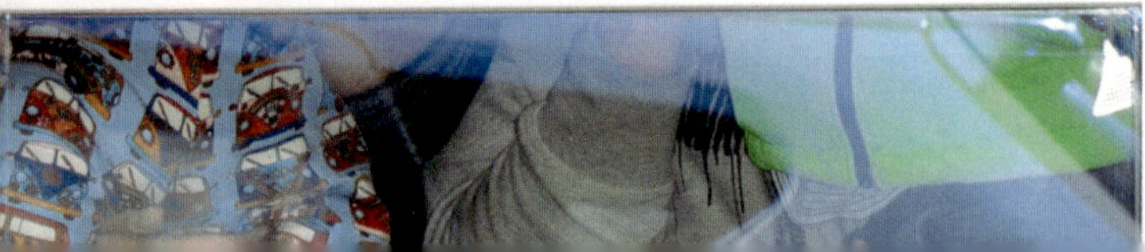

Wir haben selten
so ungestört
die Natur
wahrnehmen
können.

Maike & Frank

Ich habe es
überlebt, aber
die **Spätfolgen**
machen mir
Angst.

Meine **Arbeit** fehlt mir.
Da war ich einfach
mitten im Leben.

Coronazeiten:
Kontaktverbot,
Haare lang,
Maske ... egal!
Geschenkte
Familienzeit -
wunderbar!

Maria & Manuel

AUGEN ZU
UND DURCH!

AUGEN ZU
UND DURCH!

Viele konnten ihren Hobbies lange nicht nachgehen. **Ich hatte das große Glück**, immer bei meinen Pferden sein zu können.

Beate

Er **stirbt** ganz **allein**
in der Klinik. Wann darf
ich endlich **zu ihm**?

Mir fehlen meine
Kollegen und die **feste**
Tagesstruktur. Denn Beides
hat mir immer geholfen,
nicht **rückfällig** zu werden.

Alle Wege mit
dem **Fahrrad**
erledigt und das
Auto wochenlang
nicht benutzt!

Christina

Wir vermissen die
100 Flugzeuge, die
sonst über unserem
Haus kreisen,
überhaupt **nicht!**

Anke & Katharina

F
FRENZEN
RESTAURANT & EVENT

Wir
durften viel
Hilfsbereitschaft
und **Solidarität**
erfahren
- dafür sind wir
dankbar!

Iris & Till

Ich kann all das, was
mir Freude bereitet, jetzt
nicht machen. Mir fehlen
meine **sozialen Kontakte**
und ich habe Angst,
wieder **depressiv** zu werden.

Ich liebe meine Kinder.
Aber das **Geschrei und** das
Gequängel bringen mich
an meine **Grenzen**.

Ich bin
entschleunigt und
dankbar für die
wunderschöne
Natur und habe
die **Liebe** zum
Wandern entdeckt!

Angela

Ich habe das erste **Corona-Abi** der Familie!

Svenja

Wir haben noch nie so **viele Spiele** gespielt!

Dunja & Ida

Uns gefällt, dass wir **mehr Zeit füreinander** haben und mit Freunden **stundenlang Whatsappen** können.

Ela & Uwe

MMX
52

Ich darf nicht mehr in die Werkstatt. Ich sitze allein zuhause auf der Couch und **trage meine Maske**. Ich geh nicht raus. **Denn ich will nicht sterben**.

Er ist schon seit Wochen zuhause, **trinkt zu viel** und explodiert schnell. **Das macht mir Angst**.

Ich bin stolz darauf,dass wir als Team diese **Belastungsprobe** bestehen: für uns selbst, aber vor allem für **unsere Patienten.**

Ulrike

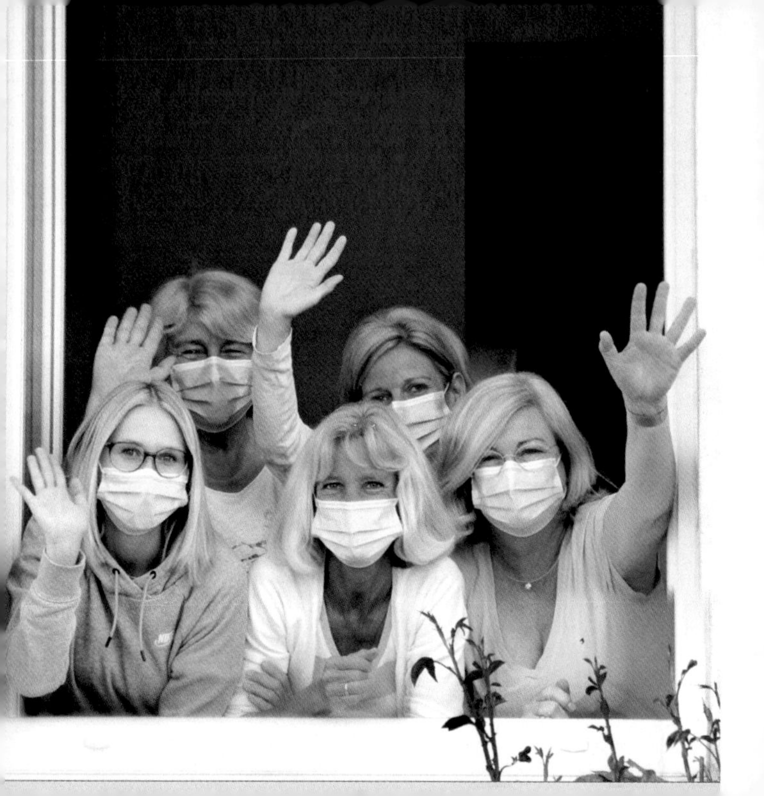

Ich stehe in einer Warteschlange vor Ikea und mich überrascht die **Geduld** und das **fröhliche Miteinander**: **Wartezeit** kann auch **erfüllte Zeit sein.**

Christoph

Wenig Platz -
viel Familie:
Zusammenhalten
heißt zusammen-
wachsen.

Lena

Unsere
‚Männer-WG‘
in Zeiten wie
diesen: noch
intensiver
und wertvoller!

Alex

Kann ich
auch weiterhin
von meiner
Kunst leben?

Werde ich meine
Enkel überhaupt noch
mal **wiedersehen?**

Die Menschen sind **zusammengerückt**, haben sich gegen-seitig **unterstützt**. Diese **Solidarität** wird uns lange positiv **in Erinnerung** bleiben.

Hannah & Lara

KULTURKÜCHE
CAFÉ & BÜROS

Corona hat uns zu noch **mehr Kreativität** angeregt. Wir haben in Richtungen gedacht, die uns sonst verborgen geblieben wären, haben **experimentiert** und sind **neue Wege** gegangen.

Sina

KÖNIGES
RAUM FÜR UNSER VIERTEL

KÖNTGES
RAUM FÜR UNSER VIERTEL

UM FÜR UNSER
#Stay HOME
#SOLIDARITÄT
404

Nimm Stifte, Füller,
leere Seiten:
Wer Briefe schreibt,
kriegt Post zurück!
Das ist ein ganz
besond'res Glück!

Birgit

Gero
Gero

Wunderbar!
Bei offenen Fenstern durchschlafen,
weil die Altstadt geschlossen ist.

Myriam & Spilios

Wir haben uns schon wochenlang **nicht mehr gesehen und gespürt** - hält unsere Beziehung das aus?

Mama und Papa sind oft böse auf mich, **schreien** rum. Ich will wieder mit meinen Freunden **draußen spielen.**

Fast sieben Wochen **ohne Kunden!** Der **Kontakt** mit den Menschen **hat uns** wirklich **gefehlt!**

Laura

BEAUTY RESORT
NICOLE SIMON

Schon lange
nicht mehr so
intensiv Zeit mit
den Kindern
verbracht!

Rebecca

Postbank

RISK
Postbank

Es geht nichts
über eine
quicklebendige
Hausgemeinschaft:
We are family!

Monika

Ich mache seit März bei meiner Mutter **Urlaub** und treffe **Bonma** und meine **Schwester** öfter!

Fee

Ich erfahre mehr **Wertschätzung** und **Anerkennung** in meiner Arbeit als Krankenpflegerin!

Maren

Wir wünschen Ihnen, Ihren Familien, Freunden und allen Menschen in Ihrem Umfeld ein gesundes Leben mit vielen fröhlichen und glücklichen Momenten. All jenen, denen es gerade nicht so gut geht, wünschen wir, dass sich alles schnell zum Besseren wendet.

Außerdem wünschen wir uns ganz besonders, dass allen, denen es gut geht, dies auch bewusst ist und sie ihr Leben wertschätzen und genießen können.

Meike mit Nicole Barbara Helga Nelly Steffi Heike Ulli Kerstin Ulrike Timo Maike Frank Runa Leopold Maria Manuel Beate Grace Brelano Fairytopia Anke Katharina Ilona Odin Christina Iris Till Christoph Angela Ela Uwe Dunja Mike Svenja Ida Ulrike Jutta Elke Sandra Caroline Christoph Ruben Vinc Lena Marvin Frieda Klaus-Rüdiger Alex Paul Ben Hannah Lara Anka Isi Shelly Sina Birgit Hannah Carlo Hanna Oscar Myriam Pollo Axel Laura Sabrina Nina Jenny Rebecca Liona Florian Jonathan Quinni Jacky Monika Uwe Lena Lilli Maren Fee Vera und Fiby.

Die Aufzählung erfolgt in fotochronologischer Reihenfolge. Irgendwer fragt nämlich immer! ;o)

Sie können weitere Exemplare auch direkt im Shop auf der Webseite unseres Kunstprojektes ‚Schubladen' bestellen:

www.schubladen.online

Sie wollen auch eine eigene Sonderauflage? Sie erreichen uns unter:

verlag@hahnraths.de
oder 0176 / 78 758 759